AF227368

SÉBASTIEN FAURE

L'ANARCHIE

EN

Cour d'Assises

Prix : 10 Centimes

En vente à Paris, aux bureaux de :

LA RÉVOLTE :   140, Rue Mouffetard.
LE PÈRE PEINARD : 4me, Rue d'Orsel.

1891

Decamp, Dardare et Leveillé

Decamp : trente ans, cheveux drus, figure énergique, traits mâles, parole martelée, pénétrante, enflammée.

Dardare : vingt-six ans, front découvert, regard expressif, physionomie ouverte et sympathique, parole nette et voix grave.

Leveillé : trente cinq ans, brun, forte moustache, tête virile, voix de tonnerre.

Tels sont les trois hommes qui, pour avoir vaillamment défendu leur vie et leur liberté mises en péril par les sbires de l'autorité comparaissaient en cour d'assises le 28 août 1891.

Les débats ont été ce qu'ils devaient être.

Du côté des magistrats : un président dont la partialité s'accusait parfois d'une façon si brutale que le public ne pouvait s'empêcher de murmurer son indignation ; un avocat général fielleux et menteur, apportant dans son réquisitoire les haines et la fougue d'un politicien contre ceux qui veulent supprimer la politique, et dans l'accomplissement de sa tâche la mauvaise foi du magistrat, l'insolence de l'autoritaire en face des vaincus et l'hypocrisie du bourgeois Voltairien.

Du côté des accusés : une attitude pleine de courage, une indifférence absolue touchant les condamnations susceptibles de les atteindre, une foi ardente, une conviction inébranlable, une sincérité pénétrante.

Vingt fois, au cours des débats, ces trois hommes, debout, se sont érigés en accusateurs. Vingt fois leur indignation a éclaté en protestations éloquentes, en paroles vengeresses.

Les rôles étaient renversés : autant ces hommes étaient grands, écrasant de leur sincérité et de leur franchise, témoins et magistrats ; autant ceux-ci étaient petits, la tête courbée sous les légitimes imprécations des accusés, la face cinglée par les coups de fouet et les gifles que leur infligeaient les réponses des interrogés et les questions des inculpés aux témoins.

Comme on sentait chez ces derniers la couardise et le mensonge ! Commissaire de police, secrétaires et agents, gendarmes et mouchards nous ont donné, pendant l'audience, une idée de leur lâcheté ; en présence des trois hommes chez lesquels vibrait la virilité, leurs yeux fuyaient, leurs lèvres tremblaient, leurs voix s'éteignaient, tout leur corps suait la peur et la honte.

Ces gens là ne sont braves que devant les lâches ; ils ne sont courageux qu'au poste, lorsque, à cinq, à dix, ils se précipitent comme des brutes sur un prisonnier désarmé, ligotté, ne pouvant se défendre.

Un mot pour finir. C'est au nom du socialisme dont la dernière manifestation internationale est le Congrès de Bruxelles que l'avocat général *Bulot* a requis la peine de mort contre Decamp, Dardare et Leveillé.

Les socialistes ayant expulsé les anarchistes de leur
congrès, n'est-il pas juste que la société les rejette, à
l'occasion, de son sein ?

Le pacte d'alliance des socialistes autoritaires avec la
bourgeoisie capitaliste et gouvernante a été signée sur
les lèvres de Bulot avec la salive envenimée de ce magistrat.

La lutte est ouverte ; il faut désormais combattre à
visage nu. Bravo ! Nous connaissons nos ennemis, plus
ils seront féroces envers les nôtres, plus nous aurons
le devoir de nous montrer implacables.

On emprisonne, on guillotine des hommes, Messieurs,
on n'embastille point, on n'exécute pas une Idée juste,
féconde, grandiose comme celle que, oubliant l'hor-
reur de la menace suspendue sur leurs têtes, Decamp,
Dardare et Leveillé ont affirmée sans faiblesse à la face
de vos tortionnaires.

Sébastien Faure

LES INTERROGATOIRES

Les débats ouverts le vendredi 28 août, à onze heures, devant la cour d'assises de Paris sont présidés par
M. Benoit.

Le siège du ministère public est occupé par M. l'a-
vocat général Bulot.

Mᵉ Lagasse et Mᵉ Allain sont au banc de la défense.

Dès dix heures du matin la salle s'est remplie, et l'au-
ditoire, composé en grande partie de compagnons

anarchistes, attend, anxieux, les péripéties du procès.

Après la lecture de l'acte d'accusation, au début de l'interrogatoire, Decamp fait les déclarations suivantes:

— Je reconnais avoir tenu des discours révolutionnaires, mais humanitaires surtout. Tout mon programme se résume en un seul mot : « Je suis anti-patriote et je fais de la propagande! » Du reste, être anti-patriote n'empêche pas d'être humanitaire, au contraire. Nous autres anarchistes, nous combattons les iniquités, les injustices de cette société, nous luttons contre les institutions mais nous n'avons pas de haine contre les hommes.

D. — Vous aviez tous, vous et vos amis, des revolvers et des poignards dans les poches?

R. — Parce que je sais que la police a l'habitude d'être saoûle les jours de manifestation et d'assommer le monde. Faudrait-il donc se laisser tuer comme des chiens sans défense ? Si le commissaire de police s'était présenté lui-même chez le marchand de vins, au lieu d'envoyer ses agents nous y arrêter traîtreusement, nous lui aurions tranquillement parlé, nous l'aurions bien reçu, et rien de tout cela n'arrivait.

Je vous répète que tout est survenu à raison de cette irruption subite des agents de police pénétrant dans la boutique en s'écriant : « Nous les tenons! nous les tenons!... » On aurait dit qu'ils étaient déchaînés sur des bêtes fauves.

D. — Et quel est ce drapeau rouge abandonné par vos amis dans leur fuite?

R. Oh! permettez; le drapeau rouge n'était pas à

nous. Les anarchistes n'ont pas de drapeau, pas d'emblème. Ils ne reconnaissent ni Dieu ni maître. Ils veulent la liberté pour tous, pour vous comme pour nous.

— En résumé, votre système...

— Je n'ai pas de système.

D. — Votre défense est celle-ci : J'ai été attaqué et je me suis défendu. — R. C'est la vérité.

Le président passe ensuite à l'interrogatoire de Dardare.

D. — Vous êtes ciseleur, vous avez été condamné pour port d'arme prohibée et pour vol. R. Si vous connaissiez le motif de cette deuxième condamnation, vous ne me la reprocheriez pas. J'ai déplacé une table d'un café, et on a prétendu que je voulais la voler, voilà le fait.

D. — Arrivons aux charges qui sont relevées contre vous : vous avez reconnu à l'instruction que le premier coup de feu avait été tiré par les anarchistes. — R. Je n'ai rien reconnu du tout, d'abord, je n'ai rien signé.

D. — Oh! sans doute, vous autres, vous ne signez rien. — R. J'ai tiré seulement deux coups de revolver, et si nous avions été rangés en bataille, comme le dit l'accusation, j'aurais tiré toutes mes cartouches; j'ai riposté aux coups de feu des agents et des gendarmes, voilà tout.

D. — On vous reproche quelque chose d'excessivement grave; on a trouvé dans vos poches six cartouches dont les balles étaient mâchées. — R. C'est inexact; si j'avais eu ces cartouches, le commissaire les aurait trouvées lorsqu'il m'a fouillé, et il n'a rien découvert.

D. — C'est le commissaire de police qui les aura mises dans votre poche, n'est-ce pas? — R. Cela ne m'étonnerait pas.

Puis, voici le tour de Leveillé.

D. — Vous passez pour un bon ouvrier, mais vous avez malheureusement l'habitude de boire. — R. Tout le monde boit et mange.

D. — Il paraît que, vous aussi, vous faites des études sur l'état social. — R. Je suis anarchiste.

D. — Vous avez nié avoir tiré des coups de revolver. — R. Je n'ai rien voulu dire au juge d'instruction parce que je ne lui reconnais aucun droit. Dans la bagarre j'ai reçu une balle qui m'a traversé la cuisse; c'est à ce moment que j'ai fait feu; le brigadier de gendarmerie a lancé son cheval sur moi, je l'ai évité et c'est comme cela que j'ai pu échapper à la mort. Quand ils m'ont découvert dans un cabinet d'aisances, à moitié mort, couvert de sang, ils m'ont torturé. Ce sont des lâches.

LES TÉMOINS

Les interrogatoires terminés, défilent les témoins, tant à charge qu'à décharge.

Ce sont d'abord les sbires de l'autorité qui viennent, sous la foi du serment, malgré les démentis des trois compagnons, affirmer que les provocations, les coups de feu sont partis du café, contre les agents.

Puis c'est le marchand de vins, M. Dufournois, qui déclare :

Les anarchistes étaient tranquilles; le drapeau rouge

était roulé et entouré d'un journal. Quand les agents se sont présentés, j'ai entendu des coups de revolver et des cris. »

Interrompu par l'avocat général, le témoin ajoute :

«— Cependant, si jamais pareille fête devait se reproduire, je prierais l'agent d'attendre sur le trottoir que mes clients sortent pour les arrêter.»

Enfin, une série de témoins cités par la défense viennent prodiguer aux accusés le témoignage de leurs sympathies, de leur estime.

Parmi eux, un patron rend hommage à l'application, au courage de son ancien ouvrier Dardare, — un ouvrier modèle.

D'autres attestent la sincérité, la loyauté des convictions humanitaires des anarchistes qui sont tous trois de bons ouvriers, honnêtes, probes et convaincus.

RÉQUISITOIRE

Au nom du Socialisme, l'avocat général Bulot demande que l'on supprime de ce monde, Decamp, Dardare et Leveillé. — comme on a supprimé les anarchistes du Congrès de Bruxelles.

PLAIDOIRIE DE M⁰ LAGASSE

AVOCAT DE DECAMP ET DARDARE

Nous avons, à regret, laissé de côté la discussion très serrée des charges de l'accusation pour ne reproduire que quelques-uns des mouvements oratoires qui ont littéralement enlevé l'assistance, le Jury, la Cour et l'avocat général lui même.

MESSIEURS DE LA COUR, MESSIEURS LES JURÉS

Au cours de ces débats, Decamp, tout à son rêve humanitaire et pensant, dans sa foi d'apôtre, que l'échafaud dressé pour lui ferait de la propagande à son idée, a offert généreusement sa tête à l'accusation : M. l'avocat général a eu la faiblesse coupable de l'accepter ; oui, le ministère public a demandé contre ce prévenu politique — qu'il essaye en vain d'assimiler à un détenu de droit commun — la peine réclamée de vos prédécesseurs contre les Pranzini et les Prado, contre les assassins et les souteneurs des filles galantes, et il n'a même pas trouvé dans son cœur un peu de cette pitié que son chef hiérarchique, M. Quesnay de Beaurepaire, ne savait refuser à la sinistre Gabrielle Bompard.

Moi-même, Messieurs, si je n'écoutais que mon client et si je venais ici vous traduire son intime pensée et vous faire les confidents de ses secrètes aspirations, je laisserais votre justice se faire impitoyable et je ne dirais rien pour empêcher que le sang de ce *miséreux* fécondât sous le couperet de Deibler la grande Idée anarchiste.

Mais je suis un bourgeois comme vous, et *c'est pour cela* que, descendant du rêve de Decamp à la barre de l'avocat, sachant que ce courageux a une femme et quatre enfants auxquels il faut sa vie et sa liberté, je vais le disputer à la loi. Je veux l'arracher aux sévérités d'un verdict inexorable; j'entends discuter pied à pied les charges de l'accusation artificiellement accumulées contre lui par un magistrat plein de passion et de fougue; et j'entends, avec Decamp, sauver son camarade Dardare.

Ici. Mᵉ Lagasse établit un parallèle saisissant entre le langage des ex-procureurs Impériaux et celui de l'avocat général républicain, d'une part; d'autre part, entre l'attitude des anarchistes en 1891 et celle des républicains sous l'empire.

Donc, l'avocat général entend que vous soyez impitoyables parce que ces hommes ne pensent pas comme *nous* et aussi, il faut bien le reconnaître, parce qu'ils ont tiré des coups de revolver sur des agents de la force publique avec l'intention de leur donner la mort.

Et, toutes les blessures faites, il faut que Decamp et Dardare en acceptent la responsabilité, comme le ministère public voulait tout-à-l'heure qu'ils aient pensé ou écrit tout ce qui est sorti du cerveau ou de la plume des anarchistes.

Mes clients feraient encore le sacrifice de charger leurs épaules des crimes — si crimes il y a — imputables à d'autres que la Justice a été impuissante à découvrir; moi, leur avocat, je ne puis, sans manquer à mon devoir, leur laisser jouer le rôle de victimes : à chacun sa part !

. . . .

Je vais établir, Messieurs les Jurés, que le 1ᵉʳ Mai dernier, la police a provoqué les anarchistes et, me bornant désormais à discuter les faits à la lumière de ces débats, je n'aurai qu'à vous rappeler les dépositions des témoins pour établir que Decamp et Dardare n'ont commis d'autre faute que de défendre leur vie.

. . . .

Après avoir établi que les provocations sont toutes parties de la police, et signalé ainsi l'existence et le rôle des agents provocateurs, *M⁰ Lagasse passe en revue toutes les péripéties de la bataille qui, commencée chez le marchand de vin entre les anarchistes et les sergents de ville se continue dans la rue avec les gendarmes de Suresne. — Aucun des trois accusés n'a frappé les agents ; ils ont tiré seulement pour se défendre contre les gendarmes.*

.... Dardare et Leveillé sont arrêtés, puis Decamp qui oppose une résistance acharnée, et frappe d'un coup de sabre un sergent de ville qu'il vient de désarmer. — Les prévenus sont au poste.

. . . .

Là, Messieurs les Jurés, s'est passé une scène inoubliable : Decamp a l'oreille trouée par une balle, le crâne entr'ouvert par un coup de sabre ; Dardare n'en vaut guère mieux et Leveillé, la jambe traversée de part en part, perd tout son sang ; vaincus, ils sont étendus, ligottés dans le poste de Clichy et, alors, les agents les uns après les autres, plusieurs à la fois même, les assomment à coups de poing, à coup de pied, à coup de bottes, à coup de pommeau de sabre, à coup de crosse de fusil, à coup de canon de revolver : c'est une rage folle qui les secoue et qui les ferait frapper encore et toujours et il faut que le commissaire de police leur défende de continuer pour qu'ils n'achèvent point leurs victimes.

La bête qui souffre a terrassé l'homme plein de courage : Decamp défiguré, la tête et le corps en lambeaux demande qu'on l'achève; Leveillé que brûle la fièvre demande un peu d'eau pour rafraîchir ses blessures ; on ne répond pas à leur appel : on frappe encore !

Un médecin vient soigner les agents ; il passe dédaigneusement à côté des anarchistes blessés livrés sans défense à la meute qui, si elle n'était pas ivre d'alcool, était en tout cas saoûle de sang !

Ah ! je sais bien que M. Guilhem, le commissaire de police, a nié, mais son silence embarrassé valait mieux qu'un aveu, et le tremblement qui agitait ses lèvres, tout-à-l'heure, quand les accusés lui rappelaient cette scène de cannibalisme, vous disait, Messieurs les Jurés, qui a menti, de ceux qui sont assis au banc d'infâmie ou de celui qui a déposé à la barre des témoins. M Guilhém, répondant à ma question, s'est écrié : « je n'ai rien vu, je me lavais les mains » comme Pilate écrasé de remords après la sentence prononcée contre le Nazaréen !

Tous les sergents de ville sont venus et tous ont nié — comme leur maître. Et aussi ils ont fait des dépositions contraires à celles qui avaient été recueillies à l'instruction et nous avons assisté tous à cet écœurant spectacle d'agents de l'autorité mentant en Cour d'Assises, après avoir prêté serment de dire la vérité, et en face de trois inculpés sur lesquels pèse une accusation capitale.

Je m'avancerais beaucoup, Messieurs, en accusant moi-même si je n'avais à ma disposition la preuve *scientifique* de ce que j'avance.

Et le rapport médical en main, le défenseur prouve l'existence des brutalités inouïes dont les accusés ont été victimes.

Jamais, non jamais! Mon indignation ne se pourra rendre, quelque violente que soit ma parole, et j'ai foi, messieurs les Jurés, que vous regrettez d'être cloués, muets à vos fauteuils de Juges, privés ainsi d'associer au mien votre généreux écœurement.

Les lois de la guerre sont impitoyables ; mais quelle que soit la patrie du blessé que l'on ramasse sur un champ de bataille, on le soigne et on ne le frappe plus ! Victimes du devoir ! vos agents, avez-vous dit, M. l'Avocat général, allons donc! les victimes du devoir sont celles qui tombent pour ne plus se relever, ce ne sont pas celles qui se relèvent pour se livrer aux lâches représailles.

Je me résume, j'ai fini ; je vous ai montré les agents troublant une manifestation pacifique, je vous ai fait voir quand la lutte a commencé, ces trois hommes défendant leur vie ; vous venez d'entendre ce qui s'est passé après.

Et je n'ai rien voulu dire de l'Anarchie qu'ils professent, impuissant que je suis à exposer une doctrine que, personnellement je ne puis admettre, que j'ignore même.

Et vous, messieurs, qui, pas plus que le défenseur, n'êtes pas, ne pouvez pas être anarchistes, gardez-vous de juger sévèrement l'idée de ces hommes, «leur rêve» comme dit M. l'Avocat général. Ce rêve veut l'humanité meilleure et la société différente. Ah ! certes, nous qui sommes les heureux de ce monde pouvons-nous dire ce que nous penserions de leurs *utopies,* si nous étions aussi déshérités qu'eux.

Decamp, Dardare, Leveillé, bons ouvriers, honnêtes, probes, ne quittent l'atelier que pour prêcher l'Anarchie ; et sommes-nous bien sûrs que leur parole enflammée ne nous entraînerait pas à leur suite, si nous n'étions pas des *jouisseurs* et des *repus?*

Ah ! quand on n'a pour se loger que des masures sans air et sans lumière, — avec la préoccupation terrible du terme — que la propriété doit apparaître criminelle ! Quand on n'a pour se vêtir que des lambeaux, peut-on, passer sans révolte à côté des grands bazars où les vêtements sont entassés ? Lorsque les boucheries sont pleines de viande et quand les boulangeries regorgent de pain, c'est terrible d'avoir le ventre creux et les dents longues... et, alors, si l'on croit à la possibilité d'une révolution qui donnera à chacun sa part égale, est-on si coupable de convier les *miséreux* à ce partage et de vouloir qu'ils ne meurent plus de faim ?

Decamp, Dardare, Léveillé ont suivi les étapes de ces souffrances, et leur foi d'apôtre s'est allumée au contact de toutes les misères. Decamp, tenez, pour ne parler que de lui, a une femme et avait trois enfants ; il a recueilli une nièce orpheline, une bouche de plus à nourrir et, quand il parlait dans ses clubs, où les commissaires le faisaient *écouter* (il dirait *moucharder*) par leurs

agents, il avait devant lui la vision terrible de ces petits
êtres et de cette malheureuse serrés dans une chambre
sans meubles et sans pain ; sa voix, à cette audience,
avait des accents convaincus et troublants et personne
ne songeait à rire quand il disait son rêve humanitaire
parce qu'on sentait bien que ce rêve il l'avait véritable-
ment rêvé.

Alors encore, il les voyait, cette femme et ces enfants,
car ils sont là, à cette audience, et il se disait que pour
les miséreux révoltés il y a la Cour d'Assises et il ne
croyait plus à la Justice, et quand il entendait l'avocat
général demander sa tête, il pensait à l'échafaud au
pied duquel elle irait, elle, et les quatre bouches désormais affamées pour toujours et il pensait qu'elle est
bien mauvaise la Société qui veut faire trancher le cou
à ceux dont le principal crime est d'avoir exhalé
bruyamment leurs plaintes.

Oui, Messieurs les Jurés, elle est ici la femme de
Decamp, il est là le père de Dardare, au milieu des
compagnons et des indifférents qui suivent cette audience, les uns avec angoisse, les autres avec curiosité.

Et vous allez rapporter votre verdict, et si je ne vous
ai pas convaincus, vous condamnerez Decamp à mort et
Dardare aux travaux forcés à perpétuité et, au prononcé
de votre arrêt, vous entendrez deux cris partir de l'au-
ditoire, le cri de la jeune épouse et le cri du vieux
père et ces cris, messieurs les Jurés, vous les entendrez
toute votre vie, ils amoindriront votre bonheur de demain et chez vous, dans vos maisons bien closes, lorsque vous caresserez vos enfants ou que vous em-

brasserez vos femmes, ces cris vous poursuivront encore
et vous regretterez de ne pas avoir été pitoyables, de ne
pas avoir été bons !

PLAIDOIRIE DE Mᵉ ALLAIN

Après Mᵉ Allain qui, se plaçant solidement sur le
terrain juridique et n'examinant que les faits et les
débats, demande sobrement l'acquittement de Leveillé,
on entend :

LA DÉFENSE ANARCHISTE DE LEVEILLÉ

Messieurs les Jurés

J'avais demandé à mon camarade et ami, le compagnon Sébastien Faure, de présenter ma défense.

Bien que la loi, en vertu d'une disposition spéciale,
permette à un accusé de choisir son défenseur, parent
ou ami, en dehors de la corporation des avocats, M. le
Président a nettement repoussé la demande que je lui
avais adressée à ce sujet.

Je proteste tout d'abord contre cette irrévérence à la
Loi commise par ceux-là même qui, dans cette enceinte,
ont mission de l'appliquer et ne la respectent pas.

Je regrette que Sébastien Faure ne soit pas au banc
de la défense, d'abord parce que je sais, mieux que
tout autre, qui est le plus à même de m'assister ici ; ensuite parce que j'estime que la cause n'étant pas de
celles que MM. les Jurés ont à examiner tous les jours, il

fallait un camarade, un compagnon, un anarchiste pour donner ou rendre à ces débats l'allure qui leur convient, enfin parce que, avec l'éloquence persuasive, entraînante et sincère qui caractérise les apôtres de notre Idée, Sébastien Faure, pouvait vous faire comprendre les motifs qui m'amènent à comparaître devant vous, vous expliquer le pourquoi et le comment de cette lutte que mes amis et moi avons soutenue contre la police et la gendarmerie qui nous avaient assaillis, et je suis sûr, Messieurs, que votre verdict eût été un verdict d'acquittement.

J'ai tenu à placer, au seuil de ma défense, l'expression de mes regrets et de mon énergique protestation.

Si, dès les premiers jours de mon arrestation, et dans le cours de l'instruction, j'ai nié avoir fait feu, ce n'est point, Messieurs, que j'aie l'habitude d'esquiver la responsabilité de mes actes. Mais, convaincu que, si des témoignages absolument décisifs ne s'élevaient pas contre moi, je serais élargi, et estimant que, contre les représentants de l'autorité qui emprisonne, tous les moyens sont bons pour recouvrer la liberté, j'ai, un instant, espéré.

Mais aujourd'hui, j'ai déclaré et je déclare catégoriquement que j'ai tiré sur ceux qui m'attaquaient. Mon devoir, je l'ai fait comme mes amis Decamp et Dardare.

Je veux être condamné avec eux, ou avec eux acquitté.

Si vous les jugez coupables, je le suis comme eux; et ma part de responsabilité, je la revendique pleine et entière.

Je ne chercherai pas à provoquer votre indignation par le récit des traitements qui nous ont été infligés. Qu'il vous suffise de savoir, Messieurs, que, la cuisse traversée par une balle, lorsque, dévoré par la fièvre et en proie à de cruelles souffrances, je demandais de l'eau pour nettoyer ma blessure, on me répondait par des coups de botte et de crosse de révolver. Qu'il vous suffise de vous rappeler que cette douloureuse agonie a duré pendant six fois vingt-quatre heures et que je suis resté sans soins jusqu'au 20 Mai, c'est-à-dire pendant vingt jours.

Cependant, Messieurs, en temps de guerre, alors que les instincts les plus féroces ont libre cours, il est de règle absolue que les blessés tombés aux mains de l'ennemi soient soignés, et les prisonniers respectés.

Mais, pour les hommes de police, nous sommes plus que des ennemis, parce que nous sommes des révolu- tionnaires, des *anarchistes*.

Aussi, ne faut-il pas s'étonner que l'accusation vise contre nous la peine de mort.

Et pourquoi ?

Parce que, adversaires résolus de l'Autorité qui affame, humilie, emprisonne et tue, nous voulons le triomphe de l'Anarchie ; de l'Anarchie, qu'on vous représente toujours comme une doctrine de haine et de violence, et qui n'est en réalité qu'une doctrine de paix, de fra- ternité, d'amour ; puisque l'Anarchie a pour but de substituer la solidarisation des intérêts individuels à leur antagonisme, et de remplacer la concurrence, source de tous les dualismes, de toutes les animosités, de tous les crimes sociaux, par l'association et l'harmonie universelles.

— Les gens qui s'élèvent avec le plus de véhémence contre les théories anarchistes, sont ceux qui les connaissent le moins.

L'Anarchie, qui, dans l'état actuel des choses, n'est et ne peut être que la négation du système autoritaire tout entier, n'est et ne peut être, en période de lutte, que la pratique de la désobéissance, de l'insoumission, de l'indiscipline, en un mot de la révolte.

A ce titre, l'idée anarchiste est aussi vieille que le principe de l'autorité, car du jour où un homme a émis la prétention de commander à d'autres hommes, ceux-ci ont, peu ou prou, refusé d'obéir.

Mais, de même que l'ignorance à créé les Dieux et fait naître les systèmes gouvernementaux, de même cette seule ignorance a empêché les humains de secouer le joug et de voir clairement leurs droits.

Il devait en outre arriver que jetés sur une planète dont les entrailles contiennent des trésors inépuisables, mais ne sachant pas fouiller le sol et en tirer parti, les hommes, aux prises avec la difficulté de se nourrir, de se préserver des intempéries et de se développer librement, se disputassent, se battissent et se tuassent, pour se procurer ce que demandaient leurs appétits, leurs besoins, leurs aspirations.

La constatation de cette perpétuelle « *lutte pour la vie* » a fait croire que ces conflits, ces rivalités, ces batailles, sont fatals, qu'ils ont de tout temps existé, qu'ils se perpétueront jusqu'à la consommation des siècles.

Mais l'ignorance, ce mal des âges primitifs, a été de plus en plus entamée par les connaissances s'accumulant à travers les siècles.

L'humanité s'est peu à peu enrichie de façon merveilleuse; les conquêtes de l'esprit humain se sont multipliées; l'horizon s'est démesurément élargi; les éléments soumis par l'homme sont devenus ses collaborateurs les plus assidus, les plus dociles et les plus désintéressés; le travail, appuyé sur la Science, a fait jaillir du sous-sol des richesses extraordinaires; la culture, habilement développée, a couvert le sol des réjouissantes moissons, des fruits savoureux, des fleurs parfumées, des arbres robustes; les fléaux ont été conjurés, les épidémies victorieusement combattues; les maux naturels, presque tous enrayés !

Et au sein d'une terre aussi féconde, aussi belle, aussi luxuriante, les hommes dont les efforts de génération en génération, s'étaient solidarisés pour atteindre à ce but, ont eu la sottise de continuer, les uns à vouloir tout accaparer, les autres à consentir à leur dépouillement.

Les accapareurs deviennent de plus en plus scandaleusement opulents et de moins en moins nombreux, tandis que la famille des déshérités devient de plus en plus pauvre et de plus en plus considérable.

D'où vient que ces millions et ces millions de miséreux ne fassent pas rendre gorge à cette poignée de milliardaires ?

Il n'est pas malaisé de répondre à cette question.

Cela provient: 1° des préjugés de toute nature soigneusement entretenus par les priviligiés dans le cerveau des masses ; ces préjugés : gouvernement, lois, propriété, religion, patrie, famille, etc, etc.

C'est le frein moral.

2° Du système de repression qui déshonore la terre : magistrats, policiers, gendarmes, soldats, gardiens de de prisons ; voilà le frein matériel.

Pour me résumer, je dirai que le mal provient de la loi, qui, confectionnée par les puissants, n'a d'autre but que de justifier leurs impostures, de consacrer leurs déprédations, et d'assurer leur impunité ; de la loi qui nécessite un système gouvernemental, lequel entraîne logiquement avec lui ces forces coercitives et répressives que j'énumérais il y a un instant.

Ces vérités que j'énonce, chacun les comprend.

A tel point, qu'on commence à se demander aujourd'hui si un gouvernement est bien nécessaire, et alors que les partisans de tous les systèmes autoritaires répondent « oui », les anarchistes seuls répondent « non ».

Aussi, à cette fin du xıxᵉ siècle, la formule anarchiste se résume-t-elle en ces trois mots qui ont le don de terrifier les uns et de faire sourire incrédulement les autres « Plus de gouvernement ».

Oui, plus de gouvernement !

Tout est là, car du jour où le gouvernement (et j'entends par là tout système gouvernemental, quelle qu'en soit la forme, quelle que soit son étiquette), du jour, dis-je, où tout gouvernement aura disparu, les lois écrites, les codes n'auront plus de raison d'être, puisqu'ils ne pourront plus s'appuyer sur la force pour se faire craindre ni respecter.

Du même coup, la loi naturelle se substituera sans effort aux lois artificielles; car, ne l'oubliez pas, messieurs, l'Anarchie, c'est le libre jeu dans l'humanité des lois naturelles, ou, plus exactement, car je veux éviter ce mot de « Lois », des forces naturelles qui régissent l'Univers entier.

Plus de Codes! plus de magistrats! plus de policiers! plus de gendarmes! plus de soldats! plus de prêtres! plus de dirigeants! en un mot, plus de gouvernements!

Tel est notre mot d'ordre! Tel est notre cri de ralliement! Telle est la formule de l'Anarchie luttant contre le vieux monde social.

Et pourquoi un gouvernement?

Interrogez séparément les 500 personnes qui sont ici réunies.

Chose bizarre; reconnaissant que ce n'est pas le gouvernement qui cultive le sol, tisse les vêtements, pétrit le pain, construit les maisons, extrait la houille, fabrique les machines, écrit des livres, et pousse la science vers de nouvelles voies, chacun répondra que, *pour lui*, un gouvernement est inutile, qu'il n'en sent pas le besoin; et, groupés, réunis ici, quand je viens dire que tout rouage inutile est nuisible, qu'il entraîne une déperdition de forces, qu'il exige un entretien coûteux (et vous savez aussi bien que moi ce que coûte le rouage gouvernemental!) que, conséquemment, ce rouage étant nuisible doit être supprimé, vous vous cabrerez sous le coup de fouet de cette si simple déclaration!

Pourquoi cela?

Parce que, depuis dés siècles, on a dit et répété: «Il faut un gouvernement», et vos pères l'ont cru, et, sans examen, vous l'avez cru vous-mêmes.

Si l'on ouvre un dictionnaire quelconque à la lettre A et au mot « Anarchie », on y voit la définition suivante : «Chaos, bouleversement, absence d'ordre et d'harmonie.

Est-ce là la signification du mot « Anarchie »? Celui-ci vient de deux mots grecs : *A*, privatif, qui signifie « absence de » et *arké*, qui veut dire « pouvoir ».

En sorte que, d'après la science officielle, absence d'ordre étant synonymes d'absence de pouvoir, on doit en conclure que l'ordre ne va pas sans l'autorité et que là où il n'y a pas de gouvernement, il ne peut y avoir que désordre.

Ah! que j'aurais beau jeu de saisir cette erreur à deux mains, et, les yeux ouverts, non seulement sur le passé, mais sur le présent, de démontrer que notre époque vit sous un régime de centralisation gouvernementale à outrance et que notre génération s'agite pourtant dans un épouvantable désordre.

Laissez-moi brièvement, en quelques coups de crayon, vous esquisser le tableau dé la Société moderne.

En haut :

Des prêtres trafiquant des sacrements et des cérémonies religieuses; des fonctionnaires courbant la tête mais levant la caisse et le pied; des officiers vendant à l'ennemi les secrets de la défense dite nationale; des littérateurs ordonnant à leur pensée de glorifier l'injuste, des poètes idéalisant le laid, des artistes *apothéo-*

sant l'inique, pourvu que ces turpitudes leur assurent un fauteuil à l'Académie, une place à l'Institut, ou des titres... de rente.

Des commerçants falsificateurs trompant sur le poids, la qualité et la provenance des marchandises, des industriels sophistiquant leurs produits, des agioteurs pêchant des milliards dans l'Océan inépuisable de la bêtise humaine.

Des politiciens, assoiffés de domination, spéculant, sur l'ignorance des uns et la bonne foi des autres; des plumitifs, se disant journalistes, prostituant leur plume avec une désinvolture qui n'a d'égale que la niaiserie des lecteurs.

En bas :

Des maçons sans abri, des ouvriers tailleurs sans pantalon, des ouviers boulangers sans pain, des milliards de producteurs frappés par le chômage et par conséquent par la faim; des foules errant, de par le monde, à la recherche d'un pont à jeter, d'un tunnel à percer, d'un terrassement à faire; des familles entassées dans des taudis; des fillettes de quinze ans obligées pour manger de supporter les caresses puantes des vieux et les assauts lubriques des jeunes bourgeois.

Des masses aveulées, qui paraissent absolument inaptes au réveil de la dignité, des cohues se précipitant sur le passage d'un ministre qui les exploite, et lui prodiguant de ridicules acclamations, des foules se portant à une gare, au devant d'un monarque, fils, frère ou cousin de roi qui arrive, des peuples oubliant dans la griserie des fêtes nationales, l'étourdissement des

fanfares et le tourbillon des bals publics que, hier, ils
mouraient de misère et d'esclavage, que demain ils crè-
veront de servitude et de détresse.

Tel est le désespérant tableau qu'offre notre actuelle
humanité.

Voilà l'ordre qu'engendre la plus *gouvernementalisée*
des Sociétés !

Et, bien qu'extrêmement sombres, les couleurs n'en
sont point chargées à plaisir : il est des turpitudes, des
hontes, des coquineries, des tortures, que nul langage
humain ne saurait décrire.

»Mais au sein de cette pourriture qui ronge les puissants et de ce servilisme qui déshonore les faibles ; au
sein de cette cynique hypocrisie qui caractérise les
grands et de cette incroyable naïveté dont meurent les
petits ; au milieu de cette insolence qu'affichent les
« en haut » et de cet aplatissement qui flétrit les « en
bas » ; au milieu de la féroce cupidité des voleurs et
de l'insondable désintéressement des volés ; entre les
loups du pouvoir, de la religion, de la fortune, et les
moutons du travail, de la pauvreté, de la servitude ;

»Se dresse une poignée de valeureux, phalange que
n'a point contaminée la morgue des insolents ni entamée
la platitude des humbles.

»Hier, demi-quarteron ; aujourd'hui armée ; demain
foule innombrable, ils vont où est la Vérité, ne se sou-
cient pas plus des ricanements apeurés des riches que
de l'indifférence morne des pauvres.

»Aux puissants, ils disent :

»Vous ne régnez que par l'ignorance et la crainte.

« Vous êtes les continuateurs dégénérés des barbares,
« des tyrans, des malfaiteurs publics.

« Par qui vous faites-vous entretenir dans l'oisiveté ?
« Par vos victimes !

« Qui vous protège et vous défend contre l'ennemi
« de l'intérieur et de l'extérieur ? O amère dérision !
« Vos victimes encore ! Qui fait de vous des députés,
« des sénateurs, des ministres, des gouvernants ?

« Encore une fois, vos victimes.

« Et l'ignorance de celle-ci, soigneusement entrete-
« nue par vous, non seulement n'aperçoit pas ces in-
« cohérentes iniquités, mais encore elle engendre la
« résignation, le respect, presque la vénération.

« Mais, nous vous démasquerons sans pitié et nous
« montrerons, bourreaux, vos hideuses faces sur les-
« quelles se lisent la duplicité, l'avarice, l'orgueil, la
« lâcheté. »

Et que disent-ils, ces hommes, aux petits, aux exploités, aux asservis ?

Écoutez :

« O vous qui naissez dans un berceau de paille,
« grandissez en butte à toutes les misères, et vivez
« condamnés au travail forcé et à la vieillesse préma-
« turée des souffre-douleurs, ne vous désespérez
« point.

« Prolétaire, petit-fils de l'esclave antique, fils du
« serf du moyen-âge, sache que ta détresse n'est pas
« irrémédiable. »

« Vous tous qui faites partie de cette humanité asser-
« vie dont les pieds meurtris ont laissé dans le sillon

« humain, depuis trop de siècles déjà, des traces san-
« glantes, ayez confiance en l'avenir. »

    « Loqueteux, souffrants, ventre-creux, va-nu-pieds,
« exploités, meurtris, déshérités, chaque jour dimi-
« nue la puissance et le prestige de vos maîtres, et
« chaque jour, vos bataillons deviennent de plus en
« plus formidables.

    « Haut les cœurs et les fronts !

    « Prenez conscience de vos droits.

    « Apprenez que tout homme est l'égal d'un autre
« homme. Il est faux que, pour les uns, il n'y ait que
« des droits à exercer, et pour les autres, des devoirs à
« remplir. Refusez tous d'obéir et nul ne songera plus
« à commander.

    « Naissez enfin à la dignité.

    « Laissez grandir en vous l'esprit de révolte, et avec
« la Liberté vous deviendrez heureux ! »

    Voilà, messieurs, ce que sont les anarchistes. Tel
est leur langage, tel le nôtre.

    Je conclus :

    Coupables nous serions si, réveillant chez nos cama-
rades de misère le sentiment de la dignité, nous en
manquions nous-mêmes.

    Criminels, oh ! oui, bien criminels nous serions si
appelant les hommes à la révolte, nous nous inclinions
devant les menaces et nous soumettions aux injonctions
des représentants de l'autorité.

    Lâches, les derniers des lâches nous serions si, rele-
vant le courage de nos compagnons de lutte et les exci-
tant à la vaillance, nous ne défendions pas notre vie et

notre liberté lorsqu'elles sont en péril.

Voilà pourquoi, ce que j'ai fait, ce que nous avons fait (mes amis, je le sais, pensent comme moi) nous devions le faire ; aussi nous ne regrettons rien.

Si vous me condamnez, mes convictions resteront inébranlables.

Il y aura un anarchiste de plus en prison, mais cent de plus dans la rue,

Et notre exemple sera suivi ; il sera le point de départ de révoltes qui se multiplieront, deviendront de plus en plus collectives, jusqu'à ce que la Révolution universelle fasse entrer dans le domaine de la pratique les idées pour lesquelles je vis, pour lesquelles je souffre avec une certaine joie, pour lesquelles je suis prêt, comme tous les anarchistes, à verser s'il le faut, sans fanfaronnade comme sans faiblesse, jusqu'à la dernière goutte de mon sang.

DÉFENSE DE DECAMP

Decamp, à son tour, se lève et veut présenter sa défense.

Il commence par dire pourquoi il est anarchiste. Il démontre que la répression n'a jamais empêché les révoltes ; que la répression est mauvaise conseillère et qu'un pouvoir est bien près de disparaître sous la honte et le mépris, lorsqu'il répond aux légitimes revendications des mécontents par l'envoi de ses policiers, gendarmes et soldats.

A ce moment, le Président arrête Decamp et lui dé-

clare qu'il lui est impossible de le laisser continuer sur
ce ton.

« Je défends ma tête ici, comme, le 1ᵉʳ Mai, j'ai dé-
» fendu ma vie, j'estime que je sais mieuxque qui q ue
» ce soit ce que je dois dire pour ma défense.

» Puisque, accusé, je ne puis répliquer, je m'assieds.
» Envoyez-moi de suite sur la place de la Roquette, je
» ne crains pas la mort. »

LE VERDICT

Les débats sont terminés.
Les Jurés doivent répondre à 81 questions.
Après une heure un quart de délibérations, ils re-
viennent avec un verdict d'acquittement en faveur de
Leveillé et de culpabilité contre Decamp et Dar-
dare.

LA CONDAMNATION

Le Jury ayant écarté en ce qui concerne Decamp et
Dardare les circonstances aggravantes et admis en leur
faveur les circonstances atténuantes, la Cour, si elle eût
fidèlement interprété le verdict, pouvait i
Dardare un mois et à Decamp un an de prison.

Mais elle leur a appliqué le maximum : Decamp
5 ans de prison, Dardare 3 ans.

Basse vengeance de magistrats !

AU REVOIR

Aussitôt la condamnation prononcée, Decamp et Dardare, se tournant vers les Compagnons venus en foule à l'audience, s'écrient avec force : « Au revoir, Camarades ! »

Les gardes municipaux les entraînent et le public s'écoule fortement impressionné.

Oui, au revoir, chers compagnons. Nous nous reverrons aux heures tragiques; et la lutte nous retrouvera côte à côte pout le bon combat, pour les justes et fécondes batailles.

LA RÉVOLTE

Organe communiste-anarchiste, 10 cent. le N°, paraissant tous les samedis avec un supplément littéraire, 140, rue Mouffetard à Paris. Abonnements : un an, 6 fr.; 6 mois, 3 fr.; 3 mois, 1 fr. 50.

LE PÈRE PEINARD

Réflecs hebdomadaires d'un gniaff, 4bis, rue d'Orsel à Paris, 10 cent. le N°. Abonnements : un an, 6 fr.; 6 mois, 3 fr.; 3 mois, 1 fr. 50.

L'ENDEHORS

Hebdomadaire, 12, rue Bochard de Saron à Paris, 10 cent. le N°. Abonnements : un an, 6 fr.

Paris. — Imp. des Arts Libéraux, G. Pessaux, 34, Avenue Rapp.